BATIMENTOS CARDÍACOS SÃO POESIAS

Editora Appris Ltda.
1.ª Edição - Copyright© 2019 dos autores
Direitos de Edição Reservados à Editora Appris Ltda.

Nenhuma parte desta obra poderá ser utilizada indevidamente, sem estar de acordo com a Lei nº 9.610/98. Se incorreções forem encontradas, serão de exclusiva responsabilidade de seus organizadores. Foi realizado o Depósito Legal na Fundação Biblioteca Nacional, de acordo com as Leis nos 10.994, de 14/12/2004, e 12.192, de 14/01/2010.

Catalogação na Fonte
Elaborado por: Josefina A. S. Guedes
Bibliotecária CRB 9/870

B944b 2019	Buono, Yasmim Batimentos cardíacos são poesias / Yasmim Buono. - 1. ed. Curitiba: Appris, 2019. 115 p. ; 21 cm ISBN 978-85-473-3572-4 1. Poesia brasileira. I. Título. II. Série. CDD – 869.1

Appris *editora*

Editora e Livraria Appris Ltda.
Av. Manoel Ribas, 2265 – Mercês
Curitiba/PR – CEP: 80810-002
Tel. (41) 3156 - 4731
www.editoraappris.com.br

Printed in Brazil
Impresso no Brasil

Yasmim Buono

BATIMENTOS CARDÍACOS SÃO POESIAS

FICHA TÉCNICA

EDITORIAL	Augusto V. de A. Coelho
	Marli Caetano
	Sara C. de Andrade Coelho
COMITÊ EDITORIAL	Andréa Barbosa Gouveia (UFPR)
	Jacques de Lima Ferreira (UP)
	Marilda Aparecida Behrens (PUCPR)
	Ana El Achkar (UNIVERSO/RJ)
	Conrado Moreira Mendes (PUC-MG)
	Eliete Correia dos Santos (UEPB)
	Fabiano Santos (UERJ/IESP)
	Francinete Fernandes de Sousa (UEPB)
	Francisco Carlos Duarte (PUCPR)
	Francisco de Assis (Fiam-Faam, SP, Brasil)
	Juliana Reichert Assunção Tonelli (UEL)
	Maria Aparecida Barbosa (USP)
	Maria Helena Zamora (PUC-Rio)
	Maria Margarida de Andrade (Umack)
	Roque Ismael da Costa Güllich (UFFS)
	Toni Reis (UFPR)
	Valdomiro de Oliveira (UFPR)
	Valério Brusamolin (IFPR)
ASSESSORIA EDITORIAL	Renata Cristina Lopes Miccelli
REVISÃO	Natalia Lotz Mendes
PRODUÇÃO EDITORIAL	Lucas Andrade
DIAGRAMAÇÃO	Daniela Baumguertner
CAPA	Yasmim Buono	Suzana vd Tempel
ILUSTRAÇÃO DA CAPA	Yasmim Buono
COMUNICAÇÃO	Carlos Eduardo Pereira
	Débora Nazário
	Karla Pipolo Olegário
LIVRARIAS E EVENTOS	Estevão Misael
GERÊNCIA DE FINANÇAS	Selma Maria Fernandes do Valle

Tudo irá ficar bem!
Dedico este livro a toda minha família, que amo muito.
Em especial ao meu avô querido Roberto, que sempre cuidou de mim e quer
me ver feliz e realizada, além de ter me ajudado nessa jornada!
Dedico também às pessoas que passam por problemas psicológicos...
ou qualquer outra situação difícil...
guerreiros somos!!!

AGRADECIMENTOS

Agradeço primeiramente a Deus, pelo privilégio de poder passar esta mensagem de amor e superação.

Agradeço também à minha mãe, por ter me ajudado, mostrando o quanto eu sou capaz!

Aos Bombeiros da Polícia Militar, por me socorrerem quando mais precisei (vocês têm meu carinho e admiração).

E, por fim, a todos os meus amigos e pessoas que estiveram envolvidas nesse momento!

Vocês são maravilhosos!

Levo um pedacinho de cada ensinamento de vocês no meu coração!

PREFÁCIO

Intenso, complexo, mas com um toque de delicadeza!
Uma escritora nata, que luta por seu lugar no mundo.
Epifania, doçura e vida!
Este livro fala sobre isso e muito mais!

Cinthia Moreto Costa

Professora da Yasmim – 6º ano.

APRESENTAÇÃO

Neste livro escrevo sobre minhas dores e alegrias, choros e risadas, medos e esperanças.

Conto sobre a minha trajetória com a depressão, que começou com uma ansiedade incontrolável e evoluiu para um quadro psicológico mais grave.

Espero que possa ajudá-lo neste livro e que se sinta acolhido.

Não importa pelo que esteja passando, sua dor merece atenção!

Afinal, quando mostramos para outros que nós também sofremos por vezes, é percebido que a nossa dor pode ser ouvida.

SUMÁRIO

O INÍCIO DE TUDO 15

EU TIVE QUE FICAR INTERNADA 33

QUANDO IREI MELHORAR? 43

A REVIRAVOLTA 67

ALGUNS MESES ATRÁS 73

PALAVRA AMIGA 79

DIAS ATUAIS 95

O INÍCIO DE TUDO

Foi como um grito:

"Ahhh!!! Me ajudem, por favor!"

Só que muito silencioso

Muito silencioso mesmo

Ei, eles dizem: "vai ficar tudo bem"

Eu dizia a mamãe que meus batimentos cardíacos estavam acelerados.

O que estava acontecendo afinal?

Eu não sabia que 2011 era o ano da virada,

Não bem uma virada feliz, cheia de realizações.

Mas a virada mais triste e ruim.

Sim, adeus escola.

Não aguento mais você.

E as risadinhas dos colegas "queridos".

Correndo pelas escadarias do colégio, começo a chorar,

E a professora vai atrás de mim!

"Eu não quero mais estudar!"

Por que manipular?

Se só deixa o outro a chorar!

Aos prantos o mal tu espalharás

Se não mudar tua forma de tratar os outros

Então o amor eu te dou para te ensinar o perdão

(Fake Friends)

Eles não sabem o que dizem
Só sabem falar e não sabem ouvir
Nem pensar eles pensam
Tudo gira em torno do mundo deles
Acham que se tornarão mais fortes
(Sobre quem fala mal de nós, não os ouça)

Ok!
Nunca sei por qual parte começar.
É difícil falar sobre minha mente.
Afinal, é difícil falar sobre a mente de qualquer um.
Nossos pensamentos estão guardados numa caixinha de ilusões barulhentas.
Mas você é forte, você consegue superar esses seus medos.
Já pensou o quanto você lutou para ser o que se tornou?

Parece que estava cansada de existir
Mesmo que existir fosse bom ali, naquela época
"Talvez"
(*A indecisão do passado*)

Fomos à psicóloga e a uma psiquiatra para saber o porquê de tudo o que se passava comigo. Não querer ir à escola e estar tão desanimada.

Psicóloga, me ajude! O Natal está chegando e quero meus presentes, mas para isso preciso fazer terapia!!!

(Frase dita com muita apreensão)

Ela disse que sem terapia, sem presentes

(Chantagem)

Fazer psicoterapia é legal até o dia que você descobre que tudo nunca fez o menor sentido, que para mim poderia ser um mar de verdades.

Talvez seja um toque de ~~loucura~~ misturado com a obsessão de querer pôr a mim uma missão de ser perfeita.

Quanto à psiquiatra, lembro-me de discutir sobre não querer tomar as medicações. Eu era complicada para tomar remédios.

Ah! Por que eu tenho que ir na psicóloga?

Eu até gosto, porque sempre depois como um doce e entro na loja natalina.

Para mim, é mágico.

Mas a psicoterapia cansou.

Cansei de falar de mim...

Do quanto estou cansada...

(Alta logo, por favor)

Em quanto isso, faço lição,

A escola permitiu que eu estudasse em casa.

Tão entediante.

Mas logo terei alta da psicoterapia.

(Espero)

Broken heart

Você sabia que meu coração bate como sinos da Catedral de Notre-Dame, em Paris?

Ele é forte e não sabe parar...

E você sabia que batimentos cardíacos são muito mais do que o simples som?

São sentimentos profundos.

(Miocárdio)

Todas as risadas dos colegas e talvez um pouco de "bullying", mas isso é motivo para tanto?

Abandonar a escola?

Fiz o certo ou errei absurdamente?

Tenho tantas perguntas e só 10 anos de idade.

Nunca fui, assim, triste, sempre fui uma garota alegre e esperançosa com tudo...

Na psicoterapia, nós jogamos jogos interativos e rimos bastante

Pelo menos lá eu sou mais feliz, ela me deixa esquecer as coisas!

Mas quando saio de lá não sei o que fazer...

Um propósito...

Uma luz...

Então, finalmente depois de 1 ano tenho alta e já retornei à mesma escola no início do ano.

(Deveria ter mudado, mas não quis, achei que o problema era eu!)

Vou acelerar um pouco as coisas
E partir para a parte pior.

Depois de voltar à escola, acabei mudando para muitas outras nos outros anos.

A tristeza causada por uma grave depressão que descobri em 2015 não me deixava fazer nada, nem estudar.

(Eu não sabia mais o que era sentir o prazer de ler um bom livro)

Não comia, só dormia, chorava o dia inteiro.

Típico de uma depressão avassaladora.

(nem banho eu tomava)

(Sobre sintomas)

Prólogo diário

Eu tinha uma amiga que queria ir para Paris comigo,

Nunca mais nos falamos depois que minha depressão se agravou, acho que ela se assustou com tudo isso...

(Sobre Paris sem amigos)
Dizia que queria ir a Paris
Em uma noite pegou suas roupas velhas
E o passaporte expirado!
Oh! Onde está seu sonho de ser livre?
Tudo deixado para trás e pensamentos a mirar
– Você não vai!
– Vou!
Paris ou Roma
Não importa a quem interessar
Achou que poderia fugir da própria mente
Mas mesmo do outro lado do oceano
A tristeza estará lá
– Fique aqui, eu imploro!
– Só quero que esse sofrimento acabe!
– Por favor!
– Tudo bem, eu fico!
E continua, sem Paris e com minha mente
extraordinariamente divergente
(Isso nem aconteceu, mas pensei que seria assim se Paris
estivesse me esperando)

Dizem que tudo é força do destino e que ele rege as coisas mais simples que existem!

Como eu...

(Não, eu não sou simples, sou complexa, mas simples de coração)

Mania de se acharem melhores que outros seres!!!

Cada pessoa é única e especial à sua forma e maneira

Sempre vou crer nisso!

Considero minha história separada em partes.

3 partes:

- A dúvida persistente (2011)

- A descoberta horripilante (2015)

- A esperança (2018 para sempre)

A dúvida por não saber o que acontecia comigo por estar tão mal e triste.

A descoberta de uma depressão grave e anorexia nervosa.

(Nos dias atuais não tenho um diagnóstico completamente fechado)

(Eu fazia dietas rigorosas, além de simplesmente dormir o dia inteiro)

E, finalmente, nos dias de hoje, a esperança de sempre acordar sorrindo como quando tinha 5 anos de idade, correndo e brincando no jardim de minha casa.

EU TIVE QUE FICAR INTERNADA

Ficar internada parece horrível para alguns e um alívio para outros, mas para mim é uma mistura de bolo, tudo bom e ao mesmo tempo ruim.

Ei você precisa de ajuda?

Me conte

Primeira internação (julho 2016)

Estou engordando aqui, não posso perder meu corpo que é suave como uma pena.

46 quilos de pura insalubridade.

Perdi em torno de 25 quilos.

Nessa parte até concordo com eles me internarem!

Eu não parava de emagrecer,

porque não queria comer nada, nem beber água.

Tudo para mim engordava. As pessoas sempre me chamaram de gorda e agora que estou magérrima

Querem que eu ganhe peso!

O Dr. é legal, mas acho muita medicação.

Preciso de tantos remédios assim?

Drogas psiquiátricas

Ah, fala sério ~~eu não preciso disso~~.

A paisagem é muito mais bela quando conseguimos ver de dentro de nossas raízes para fora

A TODOS QUE JÁ AMEI
POR FAVOR, NÃO VÁ EMBORA
PRECISO, NECESSITO DE TUA PRESENÇA

"Amo você"
Sei que a palavra amor é algo muito forte
Mas nunca senti isso antes
Parece algo mágico, de outro mundo
Estar assim me faz pensar em como era ruim
Sem tua presença
Que me acalenta
Me faz uma pessoa mais densa
E sei que sou meio rabugenta
Mas tu tornas meu coração mais doce
E volto a ser quem era antes de tudo isso
(Pena que você nunca existiu, foi um sonho)

Eu sou forte, guerreira!

Ei, repita comigo!

Eu consigo comer!

Consigo levantar e lavar o rosto!

E fazer todas as atividades da internação!

(Foram 47 dias de internação)

Estilhaços!

Quebrou espelhos!

Mas ele continua

Um espelho que reflete

A beleza que há na tua alma!

(Sobre espelhos quebrados que continuam sendo espelhos, mesmo depois de machucados)

Você é um espelho?

Vamos juntar cada estilhaço dele!

Eu não queria dizer que me cortava
E que o sangue escorria erroneamente

Não! Não tornem isso poético
Mas às vezes temos que dizer a verdade
Sim, eu me cortava
É uma fase desesperadora!
Só não estigmatize problemas da mente!
(Sobre estigmatizar)

QUANDO IREI MELHORAR?

Ah, depois de um tempo parecia que tudo estava se ajeitando.

Outra grande ilusão.

Depois de um tempo, voltei para o mesmo hospital em 2017

Ah, Dr., suas medicações não estão ajudando!

Mas não sou hipócrita, afinal não estava bem porque também não queria psicoterapia de novo

A outra Dr.ª disse: "ela não vai melhorar, porque não quer"

Quem disse que eu não quero? Se eu não quisesse nem estaria aqui!

No momento que mais precisava de um ombro amigo.

Só psiquiatra com suas medicações não ajuda

Como só terapia não resolve também

É melhor os dois juntos

Achava que poderia encontrar a cura para o meu problema

Que estava se agravando

E não era mais uma "depressão de jovem que vai passar".

Que horror, me tirem daqui!!!

Ok! Não estou conseguindo me controlar, até vozes ouço.

Mas já percebeu como a paisagem, quando está chovendo, é bonita?

Fico observando as árvores deitada na grama, cada delas tem uma forma e tamanho.

É bem frio aqui!

Mas eles me dão muita medicação.

Mamãe me tirou daqui! Só fiquei 14 dias.

Depois piorei mais ainda, crises fortes de ansiedade, delírios, estar fora do total controle sobre mim.

É, está tudo ótimo!

3ª internação (finalmente não é no mesmo hospital)
(2 meses sem ver meus parentes)
Realmente não estou evoluindo, cada vez pioro...

Não sei mais a quem recorrer, o que fazer para melhorar meu estado.

Eu pedi para ser internada de novo, então procuramos uma clínica que poderia me ajudar, já que não me ajudo sozinha...

Seja bem-vinda ao inferno!!!

Mas eu que quis vir para cá

Vou ter que ficar 6 meses aqui?

Mas por que nossa mente só fixa em tudo o que nos leva ao fundo do poço?

Por que, por um minuto, não podemos ser nós mesmos nesse mundo? Sem julgamentos?

"Ela é feia pra caramba

Ele é magro demais

Ela é idiota

Ele é maluco"

Já basta tudo isso! Você é um **oceano** com uma profundidade imensa de qualidades

Tu és a beleza mais imperfeita

E eu gosto da **perfeição das imperfeições**

Flores caem, mas lembre-se: elas renascem de novo!

Muito tempo presa aqui, nessa minha 3ª internação
É, sinto-me presa, muito presa, mas pelo menos posso
SONHAR
Ninguém pode me impedir de sonhar
Viajando contra o vento...
(Itália!)

Sempre sim
Sempre não
Eles dizem o que não são
Sabem tudo e sentem nada
Na parada estou calada
De boca aberta, coração vazio
E a mente turbinada
(Sobre estar com pensamentos a mil)

Mente insana tudo chama

Mente louca quer minha touca

Não para por nada, só fica calada se eu der um tapa

Tudo faz, nada ouve

Mente louca me deixa sonsa

Mente insana me deixa plana

Mente, oh mente, vá passear e ter outra pessoa para ~~trabalhar~~ atrapalhar

(Sobre nossa mente ter algo para atrapalhar)

Casa

Saudades de lá

Daquele lugar

Sempre esquecido

Hoje seria meu reino

Se eu voltasse pra lá

Seria minha diversão

Minha obsessão

E por um dia eu não iria querer

Mais algum lugar

Só lá

Aquele

Junto deles

Por favor

(Escrito na 3ª internação)

A saudades deles (minha família) era grande, arrependi-me
de vir para esse lugar. Será que faço tudo errado?
Sou um pouco (muito) tímida e quase ninguém
conversa comigo.
Então acabo piorando e tendo crises
(Mas ainda sei sorrir quando a minha colega começa com
suas histórias)

Aqui é mais difícil
Estou sem a mamãe
É, vamos crescer, não é?
Nada de parentes
Sinto falta do vovô e de seu sorriso fofo
Ele sempre foi meu melhor amigo
Mas falta pouco...
(Eu acho)

Mãe...
Tão linda...
Seu sorriso me anima
E me tira dessa vida
Que me desconvida
Temos muitas coisas
A aprender
Mas o que importa é
Que tu é eternamente:
Minha Mamãe

Dia 22
É hoje
Para sempre agora
Perchè?
Adeus, querida colega
Vou sentir sua falta
Das risadas
De você brigando comigo
Mas preciso partir para meu lar
Retornar à casa
Lembra de mim
Que eu sempre vou lembrar de tu
Fica bem!
(Dedicado a uma colega de quarto da internação)

Hoje o sol brilhou diferente
Vi tudo passar como uma história na minha mente
Pássaros cantam
Eu me levanto
E arrumo tudo

Vovô?
Mamãe?
(Lágrimas caem como poesias mal escritas)
Agora são lágrimas de felicidade
O palco está abrindo as cortinas para o show começar
Continua...

Eu sempre tento ser minha melhor versão perante todos.

Nem sempre é possível!

Porque, afinal, estamos sujeitos a erros.

Mas eu quero que saiba que você tem a oportunidade de fazer um amanhã melhor do que foi hoje...

Todos erram.

(Erros)

Acredito que tudo gira ao fundo (do poço)
Será?
Não!
Tudo gira ao redor
Ei! Não você não está sozinho nessa!
(Companheirismo e solidariedade)

Como flor
Sinto dor
Quando arrancam
Parte de meu amor
Como flor
Sinto amor
Quando deixam
Parte de seu calor
(Ser gentil com as flores com todos)

Guardo e guardo com carinho
Suas lembranças
Lembranças felizes
De um tempo remoto
Que já não volta mais
Para me lembrar
De que a vida tem momentos bons
(Tudo bem não estar bem o tempo todo, você não
é obrigado)

Não sei ainda dizer adeus
Tenho medo
Me dói
Corrói
Eu vou me fortalecer
Mas estou preocupada com você
(Sobre estar desassossegado com meu coração)

Às vezes acho que ninguém me ama o suficiente
Minhas expectativas são altas
Desse jeito não vou conseguir atender a dos outros
(Idealizadora de sonhos)

Oscilações de humor

Não vou me prender a diagnósticos.
Tendo algo ou não, vou ser é feliz e espalhar meu amor pela vida! Mas sempre me cuidando, é claro.
(Cuide-se acima de tudo e não se nomeie com um diagnóstico antes do tempo)
(Não se rotule)

Aceite tu
Como és
Bela
Ou belo
De alma e ser

Sei que quer ajudar a todos
Como todos precisam de amor
Mas você também precisa de carinho
Amor próprio e descanso mental
Ajude os outros, mas também se ajude!
(Sua saúde mental precisa ser preservada)

Você é só mais um átomo que caiu imprescindivelmente nessa ~~merda~~ de terra notória cheia de cactos com monte de ~~merda~~ em suas concepções
(Eu estava filosofando nesse dia)

Finalmente lar doce lar

Em casa

Em paz

Sem meninas brigando por causa do tanque de lavar roupas

Mas não me sinto 100% bem

Não consigo me entender

Era para eu estar bem, estou com eles

Por que sou assim?

Voltei ao lar, mas sinto que minha história só está começando...

(Tempos depois...)

"LEVEM ELA PARA SALA DE EMERGÊNCIA!"
BATIMENTOS CARDÍACOS?
– O QUE HOUVE COM A PACIENTE?
– **Intoxicação por uma medicação**
– LAVAGEM
– BATIMENTOS CARDÍACOS
– UTI

"Eu sabia que meu ~~miocárdio~~ coração poderia parar a
qualquer momento.
Mas o que eu não sabia é que ele era forte.
Guardei dentro dele tudo e todos meus sentimentos,
Inclusive o sentimento de vitória".

Por que tomei aquelas medicações?
Mas calma, respire.
Eu estou aqui, viva.
Você consegue fazer o certo.
Sobreviver a isso.

Eu não fiquei nem 3 dias na UTI.

A lavagem foi feita e não tive complicações.

Isso é bom, eu estou viva.

Mas eu preciso parar de continuar assim,

Impulsiva.

(Sobre reconhecer seus impulsos)

Sons da alma

Às vezes são silenciosos

O grito mais alto nunca é ouvido

É difícil pedir ajuda quando falar

É uma barreira

Mas não esqueça que...

Apesar de tudo, FALAR É A MELHOR SOLUÇÃO

(Sim à vida)

A REVIRAVOLTA

Onde há um lugar
Pra poder comemorar
Essa tal coisa
Que me faz
Sorrir e dançar
Ao luar vejo que podemos
Sonhar, vivenciar todos os momentos
A AMAR

Acredito que as estrelas também estão a nos vigiar
Toda noite quando olhamos para elas e fazemos um desejo
Elas devem pensar: "mas você está lutando pelo seu sonho?"
(Estrelas também têm sentimentos)

Meus remédios não acabam com minhas dores
Mas aliviam um pouco o "pensar"
Entende?
Pensar demais dói
Vamos relaxar e o que dirá o amanhã será
(Não tenha vergonha de precisar tomar remédios)
(Mas não tome sem prescrição médica)

Tenho que falar do meu novo médico
Na verdade, ele foi o primeiro que eu fui quando parei de ir
à escola pela segunda vez (2015)
Isso é engraçado porque
Ele disse que sou única
Que não há ninguém igual a mim
E eu fiquei pensando
"Sou só eu mesma"
E se eu sou, você também é
(Únicos, mas somos todos um)

Vejo que mudei bastante
Lendo cartas e textos de desabafos meus, que datam
2015
E vendo fotos minhas
Mudei de aparência e como ser
Sou uma pessoa mais receptiva
Os remédios ajudaram
E algumas sessões de terapia em que
Desabafo sobre tudo também
Mas eu consegui me ajudar
Como?
Sabendo que ajuda não "morde ninguém"
Que se você quer melhorar, você precisa
Partir de um ponto
O começo é essencial

ALGUNS MESES ATRÁS...

Não vou ter medo de caminhar
Se um passo eu errar
Eu vou me lembrar que posso
Voltar para trás
Mas por que me magoou?
A dor se transformou em amargor
Agora só sou uma criatura
Sem cor
Que procura a aprovação
De todos. Por favor
"Faça disso a poética do amor"
E tire toda seu suor
E coloque um pouco de realidade em sua ficção amorosa.
Não é uma despedida dizer adeus a essas feridas
Elas estarão sempre lá
A chorar por libertá
Seja em cicatrizes
Ainda será uma ferida
Que se fecha a 7 chaves,
como um baú que guarda seu tesouro mais precioso
Essas cicatrizes significam que sobrevivi ao que transformaram elas em giz
Agora tenho que partir para
voltar a sorrir...

Depois de meses estou melhor
Escrevendo, aqui, sentada na sala
Bebendo uma xícara de café
Professora, você estava certa o tempo todo
Eu iria virar uma escritora
Ou jornalista
Mas prefiro ser escritora...
Você tem minha admiração
(Prof.ª de português do 6º ano)

Não vou desistir agora de mim!
Olha onde eu já cheguei, quantas coisas venci!
Eu não ganhei só sabedoria, eu me conquistei!

Tenho tentado me ocupar fazendo coisas que gosto, mesmo se eu não tiver vontade.
É uma luta diária!
Mas conforme eu vejo que posso vencê-la, me torno mais imune a recaídas.
Eu consigo ser feliz, ver coisas maravilhosas em coisas simples.
Eu aprendi comigo mesma a deixar as coisas fluírem e seguirem seu rumo.
Não sou uma psicóloga para dar ótimos conselhos, mas acredito que uma palavra amiga também ajuda
Ajudar os outros é uma forma de se ajudar também
Quero voltar a fazer psicoterapia, porque ainda não "peguei a carruagem".
Eu faço e depois paro
Porque acho que já fiquei boa
Não é bem assim que as coisas funcionam.

Nasce todo dia milhares de pessoas neste planeta
Todo dia nasce uma nova estrela
A brilhar nos palcos da vida
Nasce uma estrela na terra
Outra no céu
(Ciclo infinito)

PALAVRA AMIGA

Para você, leitor, que quer uma palavra (ou poema) amiga

Você não precisa ser melhor em tudo
Não precisa se punir com palavras horríveis
E se humilhar para agradar alguém
Você precisa encontrar algo
Digo mais profundo
Digo se encontrar
Se buscar
Se descobrir
Saber que você é sua melhor companhia quando não há
mais nenhuma pessoa a sua volta.
Amar seu ser
É você seu aliado contra seus próprios monstros interiores
que rodeiam sua mente

Saber que nossas dores podem nos ensinar a lidar com a
dor do outro
E que nossas experiências são uma base para ajudar essas
pessoas que passaram ou passarão por problemas parecidos
Muda nossa forma de ver a perspectiva da
realidade mundana
Mas cada ser é um ser

VOCÊ É LINDA(O)
VOCÊ É AUTOSSUFICIENTE
BOM PARA REALIZAR METAS
MARAVILHOSA(O)
SEU CORPO É BONITO
("Nem gorda(o) nem magra(o), não me rotulo, sou linda(o) da minha maneira")
SEUS OLHOS E CADA PARTE DE TU TAMBÉM
NINGUÉM PODE DIZER QUE VOCÊ NÃO MERECE SER AMADA(O)
"EU VOU CONSEGUIR PORQUE SOU CAPAZ"
(Repita comigo)

Ouço eles dizerem:
Às vezes não dá para se ajudar!
Se a ajuda correu longe
Quem é a ajuda?
Onde ela está?
Se eu não consigo caminhar
Procuro alguém para me levantar
Respondo:
Mas espere!
Eu também sinto isso que tu sentes
É horrível ter esses sentimentos
A ajuda pode estar onde menos esperamos
Uma palavra
Um gesto de carinho e amizade
Saber ouvir
Se colocar no lugar do outro
Venha, vamos nos ajudar a nos encontrar
Porque acho que nos perdemos
(Sobre se unir)

Saída de emergência
(Um pedido de socorro)

No *seu olhar vi que o luar não brilha mais*
Quando vamos descansar?
Saída de emergência...
Onde está a saída?
Aperte o botão
Quebre o vidro com o martelo ao lado
Saída de emergência
Todos em posição
Fila dupla, um atrás do outro
Deem as mãos se alguém cair
Se unam
Saída de emergência
Sigam as sinalização no chão
Vamos sair
Aperte o botão de emergência
Eles já estão chegando
Vai ficar tudo bem
Optamos pelo corredor
Há uma porta corta-fogo
Que nos levará para fora
desses pensamentos horríveis
Venha comigo porque somos fortes

Estamos protegidos
(Há uma saída de emergência para a sua dor)

Tudo que eu passei agora é passado
Deixei para trás as feridas
Estou me curando de mágoas
As portas já se fecharam, mas outras se abrirão
Talvez não exista uma "cura"
A cura sou eu
(Talvez, tudo vai ficar bem, querido/a)

Medo
Eu não quero ter mais medo do medo
Medo de ter medo de ter um medo
Medo de viver
E não dar certo
Mas se eu não tentar, como vou saber se esse medo
É verdadeiro?
(Medo)

Por favor, fale o que sente
Só não deixe criar espinhos na garganta
(Sobre se expressar)

Hoje me amo primeiro
Antes de mais nada
Amo quem estou me tornando
Uma pessoa que supera dificuldades
Antes de amar qualquer um,
Me amarei primeiro
(Amor próprio)

Saiba que não estamos sozinhos nessa
Pega minha mão
Me dá um abraço
Me conta tudo que passa
Amigos são para isso
(Amizades duradouras)

Mais um dia começou
E eu vou para cozinha
Preparar meu café
Preciso ter um pouco de fé
Pensa, vai, pensa
O que eu vou fazer hoje?
Deveria eu saber?
Como vou vencer?
Pego as chaves que estão na mesa
Abro a porta e parto
Para mais uma missão
A de ser, então
Uma garota normal
(Sobre tentar normalidades, cada um com sua ~~loucura~~ e
Isso me encanta)

Onde houver uma razão para estar
Eu vou lutar
Para conquistar
Meu lugar
Neste ninhar

Quando eu estiver longe
Do outro lado do oceano
Lembra do piano
Que eu tocava
Chorando
(Sobre saudades)

Felicidade
Todos querem
Todos almejam
Mas ninguém
Quer assumir
que a felicidade também tem seus
Momentos de viajem
(Mas ela volta)

Tristeza
Não é para sempre
Dói muito, mas isso passa
Ela também viaja
(Ela vai embora)

Não ligue para pessoas que não ligam para sua ligação
(Às vezes as pessoas não se conectaram com seu ser, isso não
significa que outras não vão conectar.)

Ah! Se eu soubesse que poesias melhoravam o coração
Criaria todo dia uma linda canção para ser, então
Parte de minha missão
Missão de ter guardada no meu coração
Tudo e todos que me ajudaram a ser
Libertação

Sei que às vezes vou ficar triste e talvez cair
Mas eu me levantarei de novo
O importante é não ficar no chão
Certo?
(Se eu e você nos depararmos com a depressão de novo)

Amor também envolve dor
Se doar para alguém é amar
E saber que você pode se decepcionar
Mas ainda assim, é o mais puro amor
(Sobre dor e amor)

Pra falar a verdade
Eu nem queria essa saudade
Pena que ela me invade
Como se eu não soubesse
Que talvez uma prece
Me deixará mais leve

Brasão
Alguém lá fora ama você

DIAS ATUAIS

Hoje levo a doçura do doce ser
Levo o ser da doçura de não ser
É tudo tão terno e doce
Tudo tão aconchegante
Levo no meu bolso com carinho
A flor que tu me deste murchou
Mas ela ainda é linda
(Sobre doçura amorosa)

Homenagem aos meus gatos

Eu gosto de gatinhos
É um grande fato
Eles não são ingratos
São lindos
Fazem "miauuu"
Tem 7 vidas
E entram dentro de meus sapatos
(Melhores companheiros)

Às vezes sinto falta do passado
Correndo pelas escadarias
Sem saber onde está o botão de emergência
Mas é passado
(Indecisão)

Amigos (na época), que foram
São a minha força diária
Aprendi muito com vocês
Entendo, hoje entendo, que tu tens
Sua vida corrida e eu tenho a minha
Fomos separados pela multidão
(Sobre despedidas)

Eu te perdoo seja você quem for
Não guardo rancor
Só tenho tempo para o amor
E crio disso meu reino de cor!
(Sobre perdoar qualquer pessoa a sua volta)

Sorrio, de uma forma bem grandiosa, para mostrar ao mundo que a tristeza não vai me abalar.

Ela não vai me dominar.

(Só tempo para a felicidade e sorrisos)

Tudo está movimentado

Eu não sei se é tontura

Mas vejo muitas pessoas

Dançando na rua

(Baila, baby)

Baila, baila e baila

Solidão
Beijei-a
É, beijei a solidão
Para não me sentir sozinha
Dei as mãos a ela
E cantei bem alto
(Às vezes)

Não existe problema em sonhar alto
O problema é nunca sonhar
(Sonhe, ok?)

E eu vou entendendo
Que pessoas são uma parte de nossa história
Nós somos o livro
Elas se ligam com nosso modo de ver o mundo
Mas às vezes elas tem que partir
Ganhar asas e ser livres para...
Voar e escrever sua própria história

Sempre vou ser amor
Sempre vou ser luz
Sempre vou ser paz
Eu me amo
(Repita comigo)

A vista da cidade pode ser feia por vezes
Mas ainda sim me encanta
Porque eu estou bem agora
E tudo para mim é lindo!

Como saber se meu coração
Aguenta a cada batida intensa?
Vou aguardar!
Como saber se meu coração
Aguenta tantos sentimentos?
Vou aguardar!
Como saber se meu coração será
completado no coração de alguém?
Só aguardar!
Preciso entender que tudo pode ser momentâneo
Mas o amor que carregamos no coração só crescerá
A medida que aprendermos a nos amar

Faça de mim escudo, proteção!
Os sinos tocam tão alto!

Eu retornei à infância,
Quando me olhei no espelho
E vi aquela menina linda e tão inocente
Eu retornei ao início
Mas não é regresso
É uma dádiva
Pensar que posso
Ser assim tão criança de alma
Sem saber o que fazer
Eu corro para luz
E deixo a solidão para trás
Eu aprendo a permanecer nova de alma e espírito
Mesmo se envelhecer
Vou jovem ser
E vou viver
Para crer que posso vencer

Texto fictício das princesas dos reinos distantes

Sabe, ouvi dizer que toda princesa ganhava um colar de suas famílias com os nomes de seus pretendentes e delas.

Antes de se casarem, esse colar

era amarrado em galhos bem finos nas árvores de florestas próximas ao reino.

Com a promessa de que se o galho quebrasse 3 dias antes do casamento

Elas poderiam ser livres

Sem serem obrigadas a se casar

Muitos galhos não se quebraram...

Já outros...

(Sobre ser dona do seu destino)

O céu azul me deixa cada dia mais próxima do sul
Voar é
Para retornar à casa
Voará
Para a terra da bota estilosa
Eu vou voar "pra lá"
Feliz de estar aqui com você
(Me aguarde bota estilosa)

Vamos:

Espalhar sorrisos!

E amor!

Nós conseguimos quando nos unimos!

Por nossos corações a inspirar outros...

Todos com o sentimento de gratidão profunda

Pela vida

Espalharemos vida

Tocaremos seres

Levantaremos quem cair

E finalmente abraçaremos quem necessita

(Sobre sermos a luz do mundo)

Tenho algo a dizer
Fique tranquila(o)
Não se entende?
Eu também não
Mas somos quebra-cabeças complexos
Para ser decifrados
Um dia você vai ver que mudou muito
Mas não por tentar se decifrar, mas por
Deixar que as pessoas gostassem de você
Da forma misteriosa que és
E quando menos perceber, terá juntado todas as
Pistas para esse dilema complexo
Lembre-se do seu coração
Ele não bombeia só o seu sangue
Ele guarda muitas coisas escondidas bem lá no fundo
Batimentos cardíacos (que são sentimentos também) podem
se transformar em uma linda poesia
Nada vai me impedir de dizer que eu não posso ser uma
continuação de sua escrita
Com carinho e amor

-Sua vida

Aos Bombeiros da Polícia Militar

Salvando vidas de norte a sul
Mente focada em ajudar
É isso que quero pensar
Eu sei que se precisar, posso com eles contar
É pra amar!!!
Tudo feito com o maior carinho a sonhar!!!
Eles vão chegar
E salvar a vida que precisar
Eu posso ligar se tiver algum problema que não
posso resolver
Eles estarão lá
De prontidão
Correndo contra o tempo
Em precisão
Reanimando vidas
Confortando pessoas
Eu vou acreditar
Que eles são meu amigos
E vão me ajudar!!!

Como uma fotografia
Eu registro momentos no meu coração
Quando a foto sai ruim
Eu pego meu coração e faço uma nova recordação
Eu às vezes sou meio nublada
Mas quando o sol bate a minha porta, eu não posso resistir
a essa emoção!
Eu vi você com aquela câmera,
Mas eu sabia que era passageiro
Eu não pude dizer um adeus
Afinal eu mal disse um olá
Você só sorriu,
E eu sorri de volta
Mas sabia que era tarde para te ter
Como fotografia, eu sou um instante que é para
todo o sempre
Eu fico guardada nas lembranças das pessoas que me amam
Mas será que eu fiquei na sua memória?
Vou pegar minha câmera
E dizer um talvez
Porque tudo é muito rápido
Para não ser registrado
Eu corri contra o tempo
Não perca a hora de voltar a ser incrível, eu digo
Eu fiz meu álbum de recordações

E ao abrir a última página
Estava escrito que tudo é uma pura inconstância
do universo
Um dia somos tão vistos
No outro, esquecidos
Mas eu gostei de você
Talvez um dia eu possa capturar o momento
Que esse amor finalmente
Florescer
(Como uma fotografia)

Se você leu até o fim
Fica minha enorme gratidão
Você me ajudou também
Afinal, todos nós nos ajudamos
Lembre-se do quanto é especial
E que coisas acontecem
Para nos mostrar e nos fazer pessoas de fibra
Quando se sentir triste, estarei aqui
Guarde com carinho o livro, apesar de não saber quem você é
Sei que está superando barreiras
Porque tu és um escritor de histórias
E a sua história só começou
Tudo tem seu tempo
Eu precisei de sete anos para voltar a viver melhor
É uma evolução diária
Tudo irá ficar bem!
Obrigada a todos!

Por Yasmim Buono

Ligue 188

O CVV – Centro de Valorização da Vida realiza apoio emocional e prevenção do suicídio, atendendo voluntária e gratuitamente todas as pessoas que querem e precisam conversar, sob total sigilo por telefone, e-mail e chat 24 horas todos os dias.